켈리C의 원더풀 소나티나

Wonderful Sonatina

1

저자
최태연

부산예술고

중앙대학교 음대 피아노과 졸업

미국 Southern Illinois University 대학원-피아노 연주/음악 교육(코다이 교수법) 복수 전공

(전액 장학금, 티칭 어시스턴트 역임)

New Orleans International Piano Festival 참가 및 Showcase Recital 연주

미국 University of Oklahoma 대학원-피아노 연주와 페다고지 전공

(성적 우수 장학금, 그룹 피아노 티칭 인턴 역임)

미국 Marjorie Lawrence Opera Theater 피아니스트 역임

부산예술중·고, 경기예술고, 대구예술대, 백석예술대 실기 및 강의 외래 교수 역임

상지원, 도서출판 예솔 교육실장 역임

제주 국제 영 아티스트 피아노 페스티벌 총괄 감독 역임

데니스 알렉산더, 헬렌 멀라이스 세미나 통역

MTNA(전미음악교사협회) 정회원, 한국 피아노 교수법 학회 정회원

피아노를 배우면서 가장 중요하지만 또 어쩌면 가장 혼란스러운 시기가 중급 과정일 것입니다.
교재의 성격이나 교육 목표가 분명한 기초 과정과는 달리 중급 과정에서는 교사의 역량이나 학생의 취향에 따라 다양한 스타일의 교재 또는 악보로 배우게 되는데, 〈켈리C의 원더풀 소나티나〉는 잘 알려진 작곡가의 작품을 치기 전 단계에서 꼭 익히고 배워야 할 주교재의 역할을 할 수 있도록 구성되었습니다.

특히 가장 중요한 것은 난이도인데, 본 교재의 레벨링은 미국 피아노 페다고지의 석학이자 저자의 지도교수였던 Dr. Jane Margrath의 〈The Pianist's Guide to Standard Teaching and Performance Literature 피아니스트를 위한 필수 교육 및 연주 레퍼토리 가이드〉에서 제시한 방법으로 정하되 1권과 2권의 후반부는 2권과 3권의 전반부에서 제시한 곡보다 살짝 난이도를 높여서 각 권이 유기적으로 연결될 수 있도록 구성하였습니다.

본 교재에 수록된 작품들은 일반적으로 빠른 악장을 선택하여 수록하였지만, 음악적으로 배울 필요가 있는 곡은 느린 악장까지 수록하였습니다. 수록된 곡들의 셈여림 기호와 프레이즈 표시, 운지법 등은 저자가 오랫동안 직접 학생들을 가르치면서 손이 작고 테크닉적으로 어려움이 있는 학생도 쉽게 연주할 수 있도록 고려하여 편집하였습니다.

피아노 선생님들께서는 본 교재를 활용하여 학생들이 한 단계씩 차근차근 적용해 나갈 수 있도록 지도하시면 보다 효과적인 레슨이 가능할 것입니다. 더불어 ABRSM 또는 RCM 등의 해외 자격증 과정이나 성인 피아노 레슨에서도 활용이 가능하도록 구성하여 레슨 형태에 따라 유동적으로 활용할 수 있습니다.

클래식 악기 교육이 점점 자리를 잃어가는 요즘이지만 수백 년이 지나도 변하지 않는 것은 결국 클래식일 것입니다. 한국의 피아노 교육을 위하여 애쓰시는 모든 피아노 선생님께 아낌없는 찬사를 보내며 〈켈리C의 원더풀 소나티나〉가 선생님들의 든든한 레슨 도구가 되기를 소망합니다.

끝으로 본 교재를 출간하는 데 있어 가장 큰 필요성과 영감을 제공해 준 켈리C를 거쳐간 많은 학생들에게 감사의 마음을 전합니다.

2025년 9월

저자 최태연

Contents

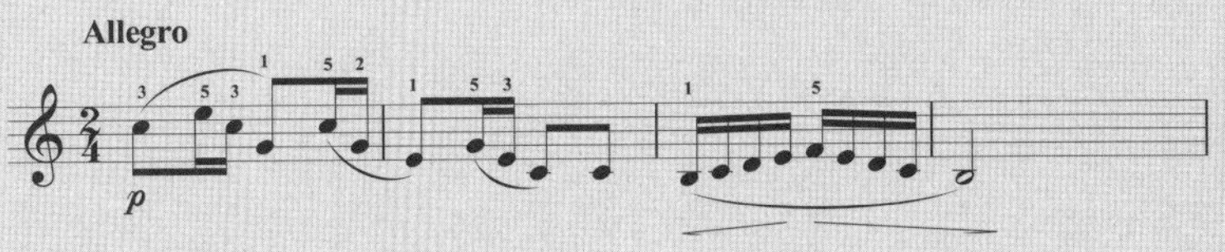
Allegro
p

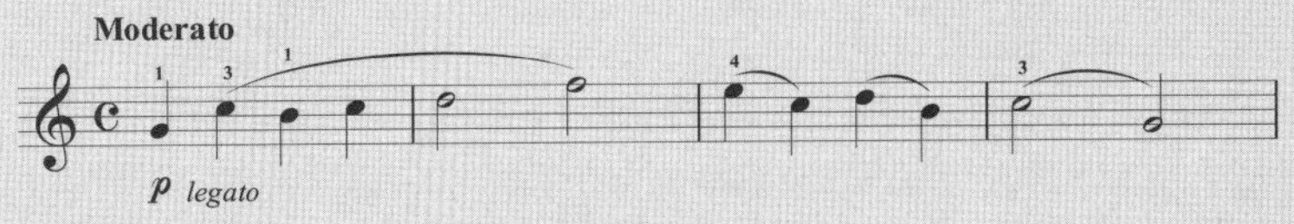
Moderato
p legato

Allegro non troppo
p

Andantino
f legato

Allegro moderato
mf legato
cresc.

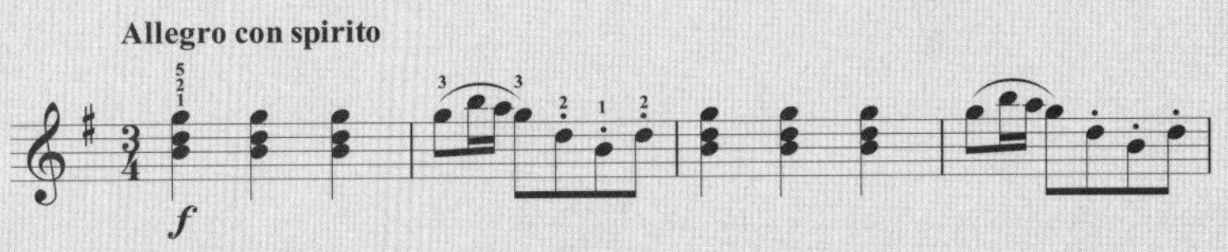
Allegro con spirito
f

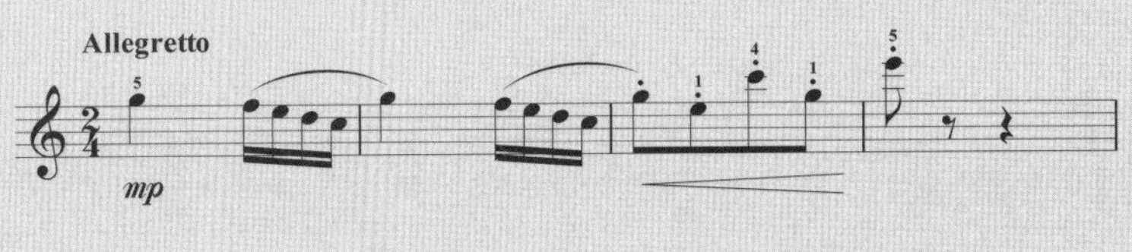
Allegretto
mp

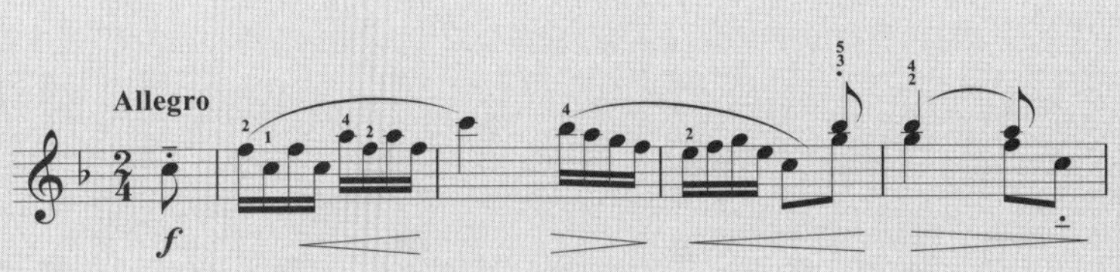
Allegro
f

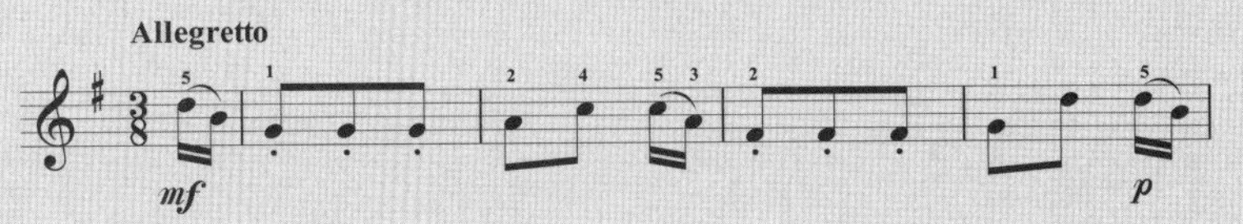
Allegretto
mf
p

1. Sonatina in C Major

William Duncombe 윌리엄 던컴
(1736~1818)

13
cresc.
mf
17
f
21

2. Sonatina in C Major

⟨1악장⟩

Félix Le Couppey 펠릭스 르 쿠페
(1811~1887)

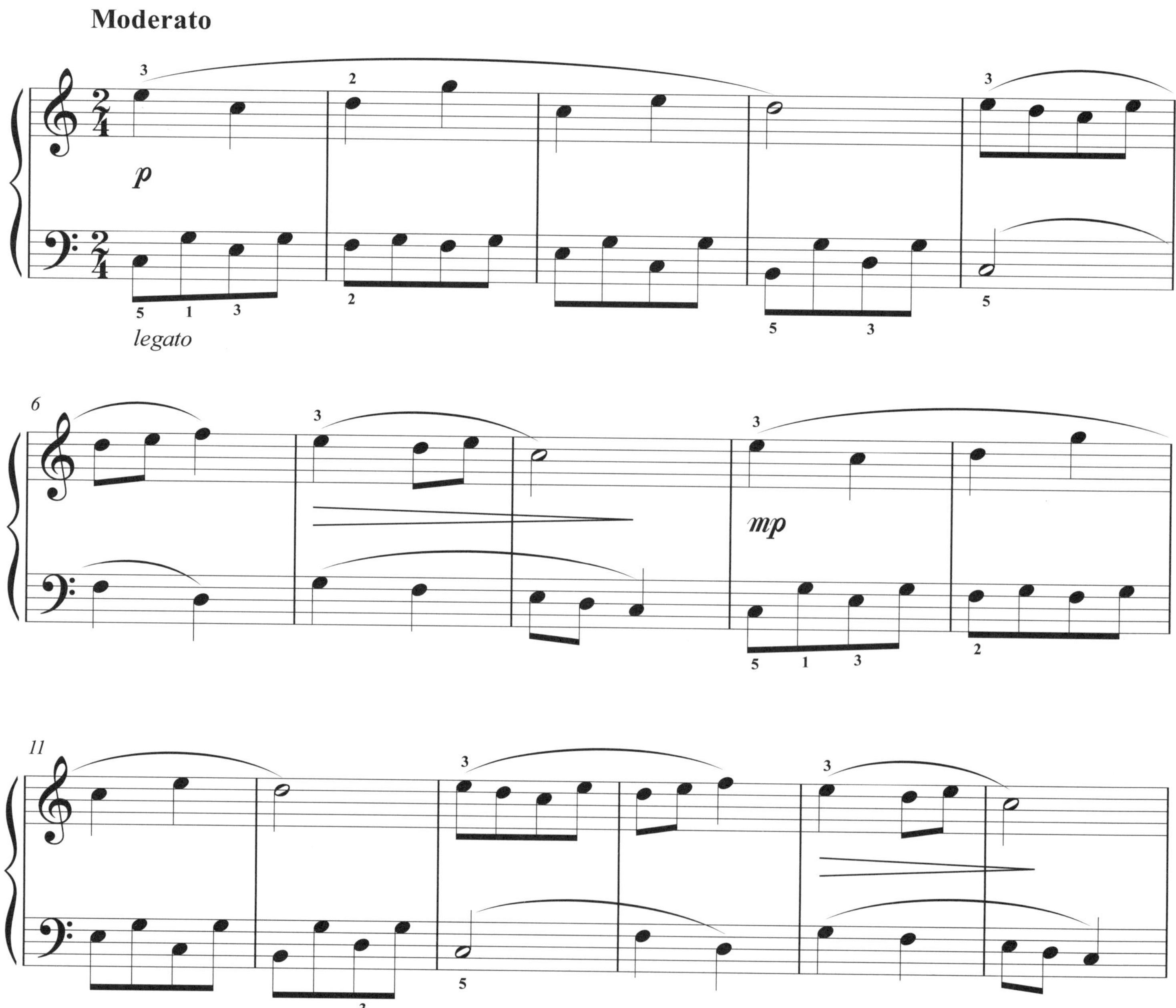

II

〈2악장〉

Allegretto

3. Sonatina in C Major

Op. 57, No. 1 〈1악장〉

Albert Biehl 알베르트 비엘
(1835~1899)

Allegro moderato

20
cresc.
1
1
2
1 2 4
1
25
mf
mp
3
5
3
3 1
2 1
2
1
3
1
31
2
4 1
p
1
1
1
1
37
cresc.
mf
2
2
1 4
1
3
43
3
3 1
2 1
2
1
3
2
4 1
rit.
4

II

〈2악장〉

Allegro grazioso

17
1
1
3
1
mf
15
21
a tempo
3
1
3
2
5 3
cresc.
poco rall.
f
p
25
1
2
1
3
35
24
29
4
3
2
1
2
1
cresc.
f
12
13
12
5
12

4. Sonatina in G Major

<1악장>

Thomas Attwood 토머스 애트우드
(1765~1838)

cresc.
f
poco rall.   dim.
a tempo
mf
f
f

5. Sonatina in C Major

〈1악장〉

Thomas Attwood 토머스 애트우드
(1765~1838)

6. Sonatina in C Major

〈1악장〉

Jean Théodore Latour 장 테오도르 라투르
(1766~1837)

a tempo
poco rit
p
ff

III

〈3악장〉

Rondo
Allegretto

7. Sonatina in F Major

〈1악장〉

Thomas Attwood 토머스 애트우드
(1765~1838)

Allegretto

mf
f
dim.
mf
legato
p

II

Andante

a tempo
poco rit.
mp
mp
p
mp
p

III

〈3악장〉

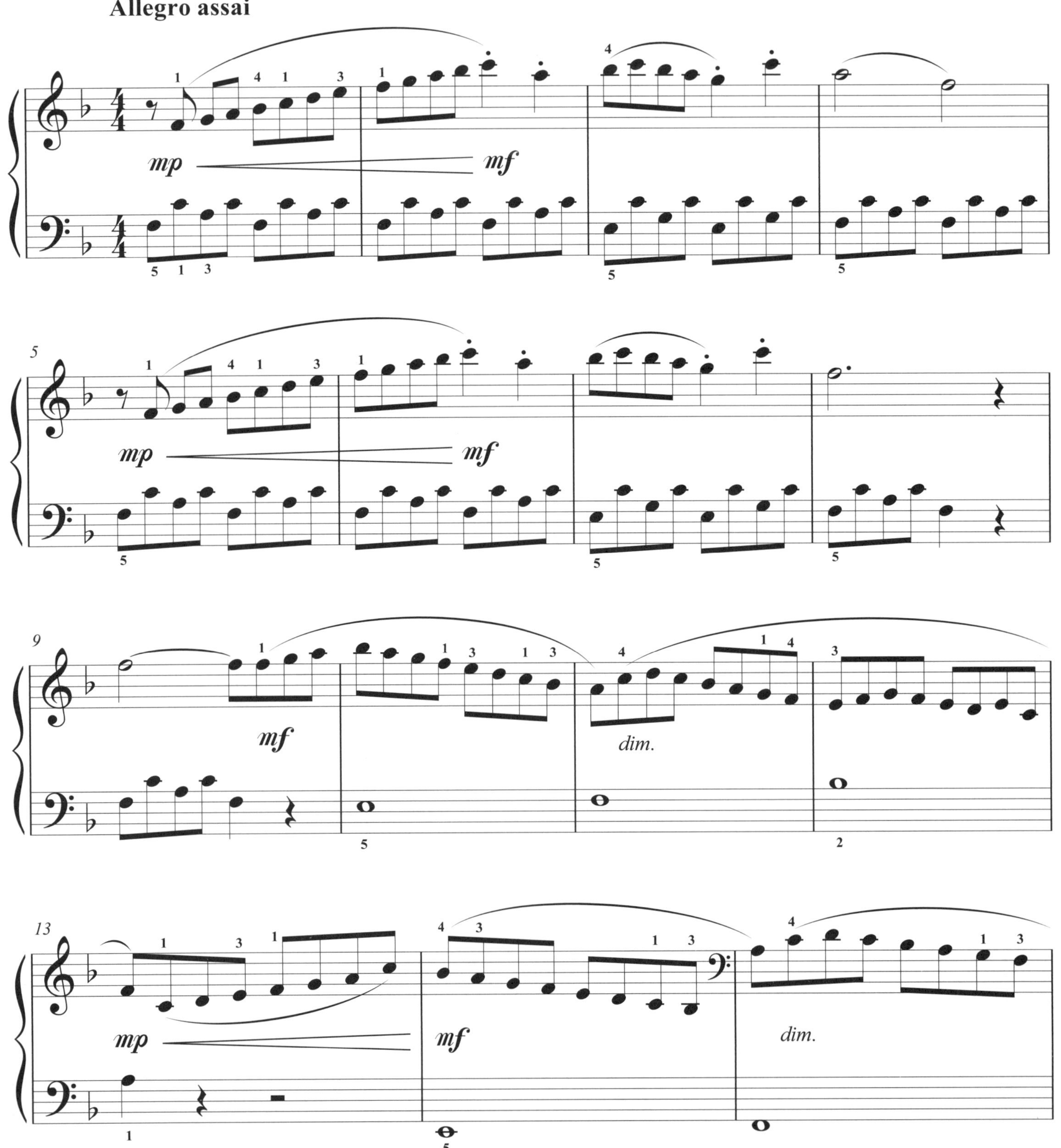

8. Sonatina in C Major

<1악장>

Tobias Haslinger 토비아스 해스링거
(1787~1842)

Allegro non tanto

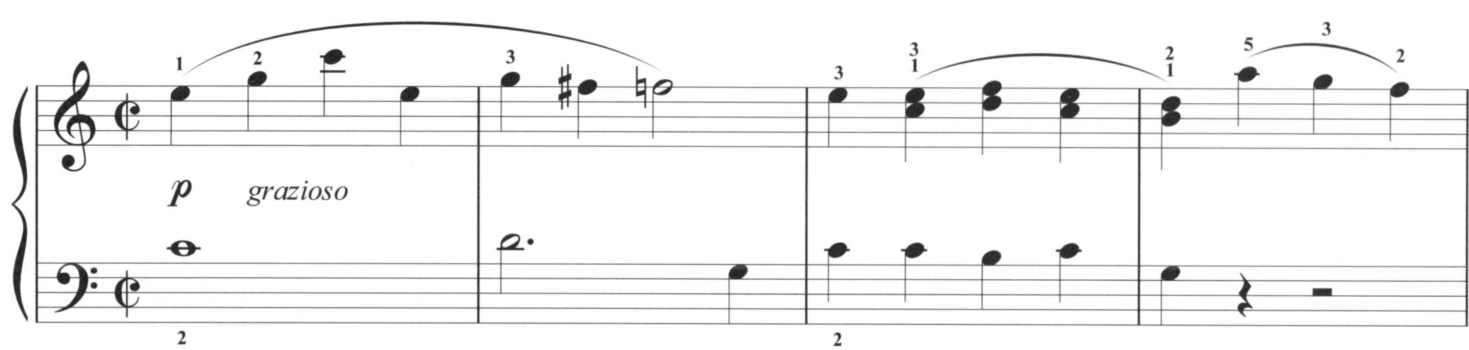

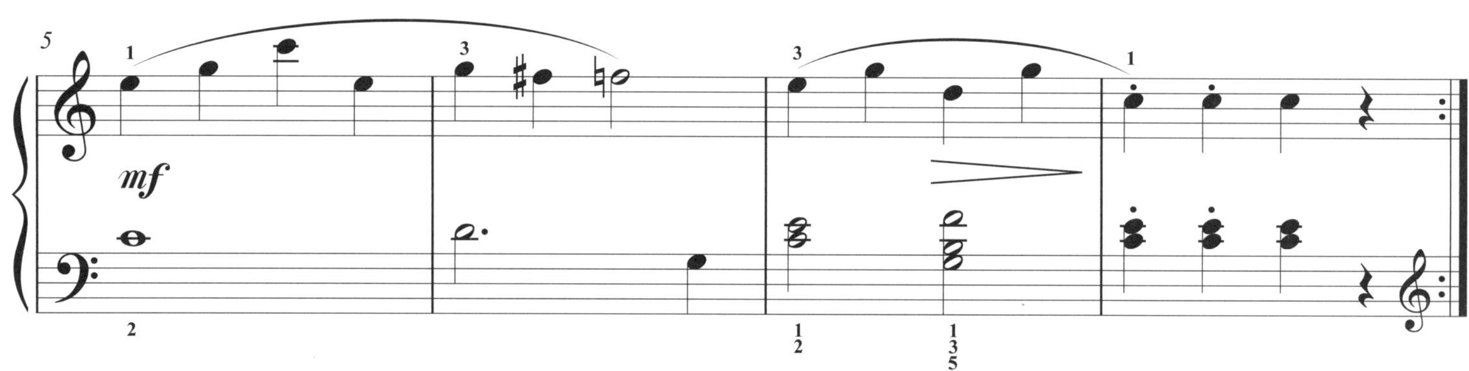

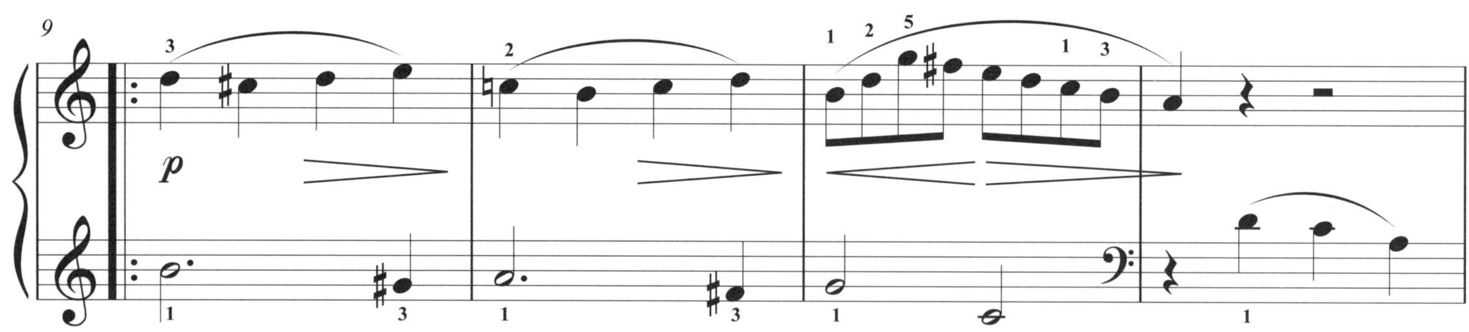

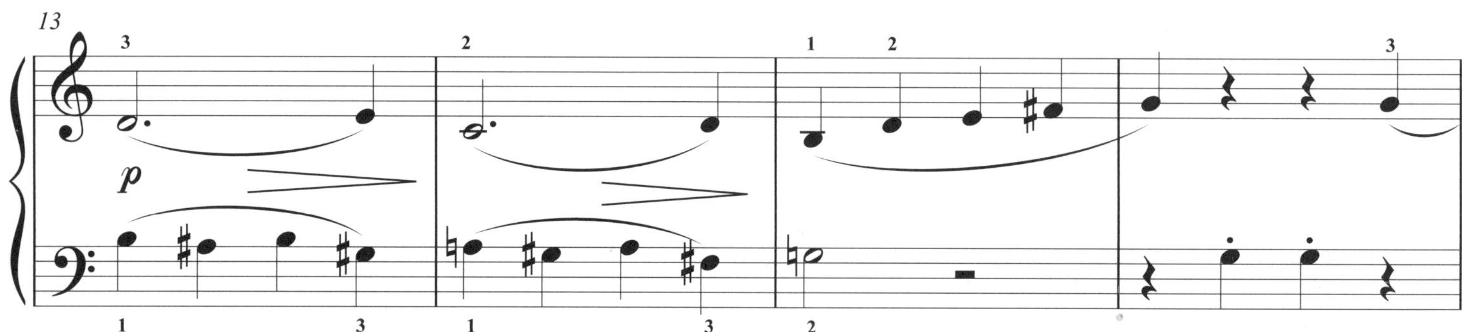

mf
poco rall.
mf
a tempo
dolce
1.
2.
f

II

〈2악장〉

9. Sonatina in C Major

Op. 36, No. 1 〈1악장〉

Muzio Clementi 무치오 클레멘티
(1752~1832)

34

켈리C의 원더풀 소나티나 1 / 35

II

〈2악장〉

Andante

13
fz   p
fz   p
16
mf   cresc.
19
mf   cresc.
dim.
tr
23
mp   cresc.
tr
dim.

III

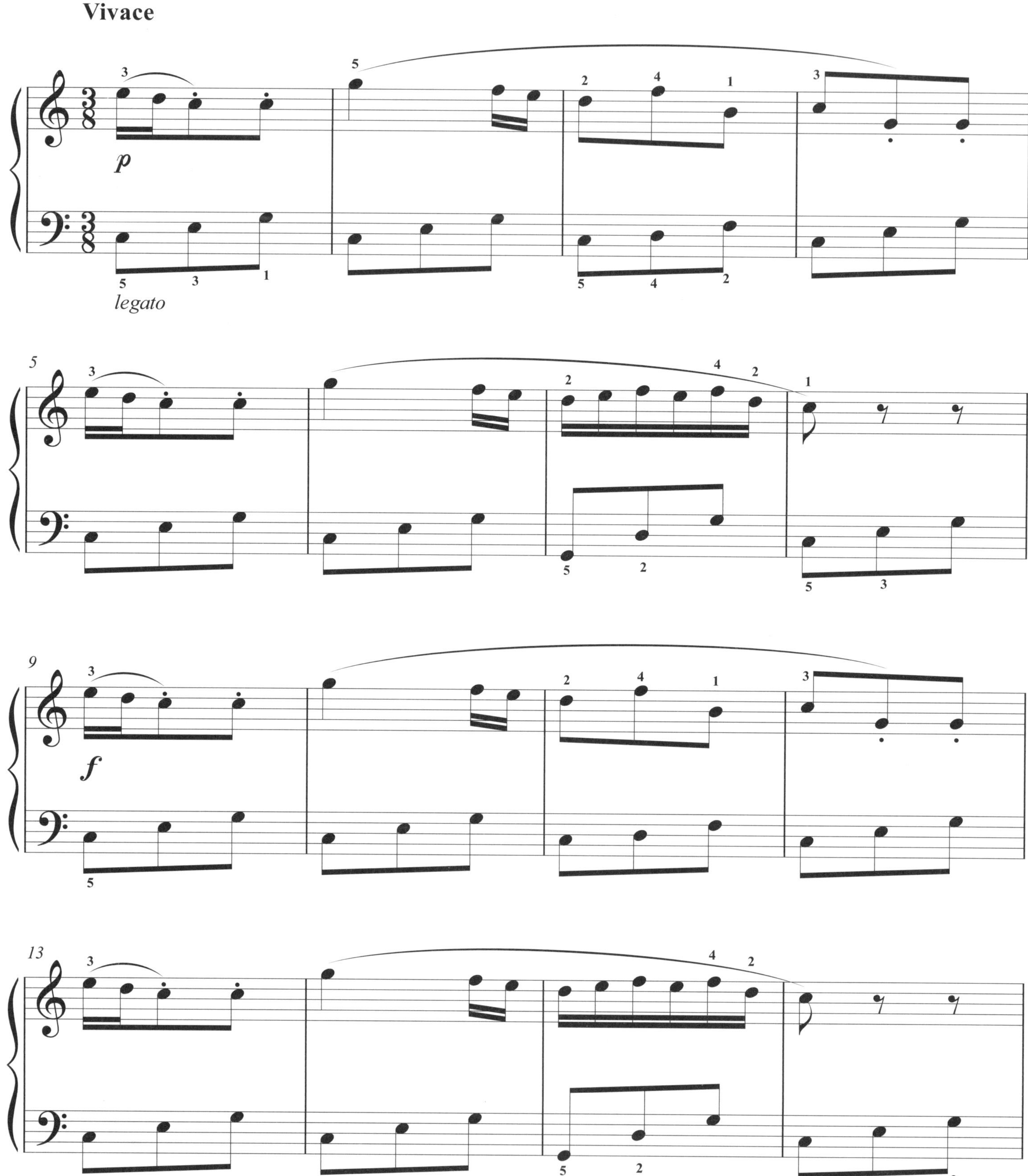

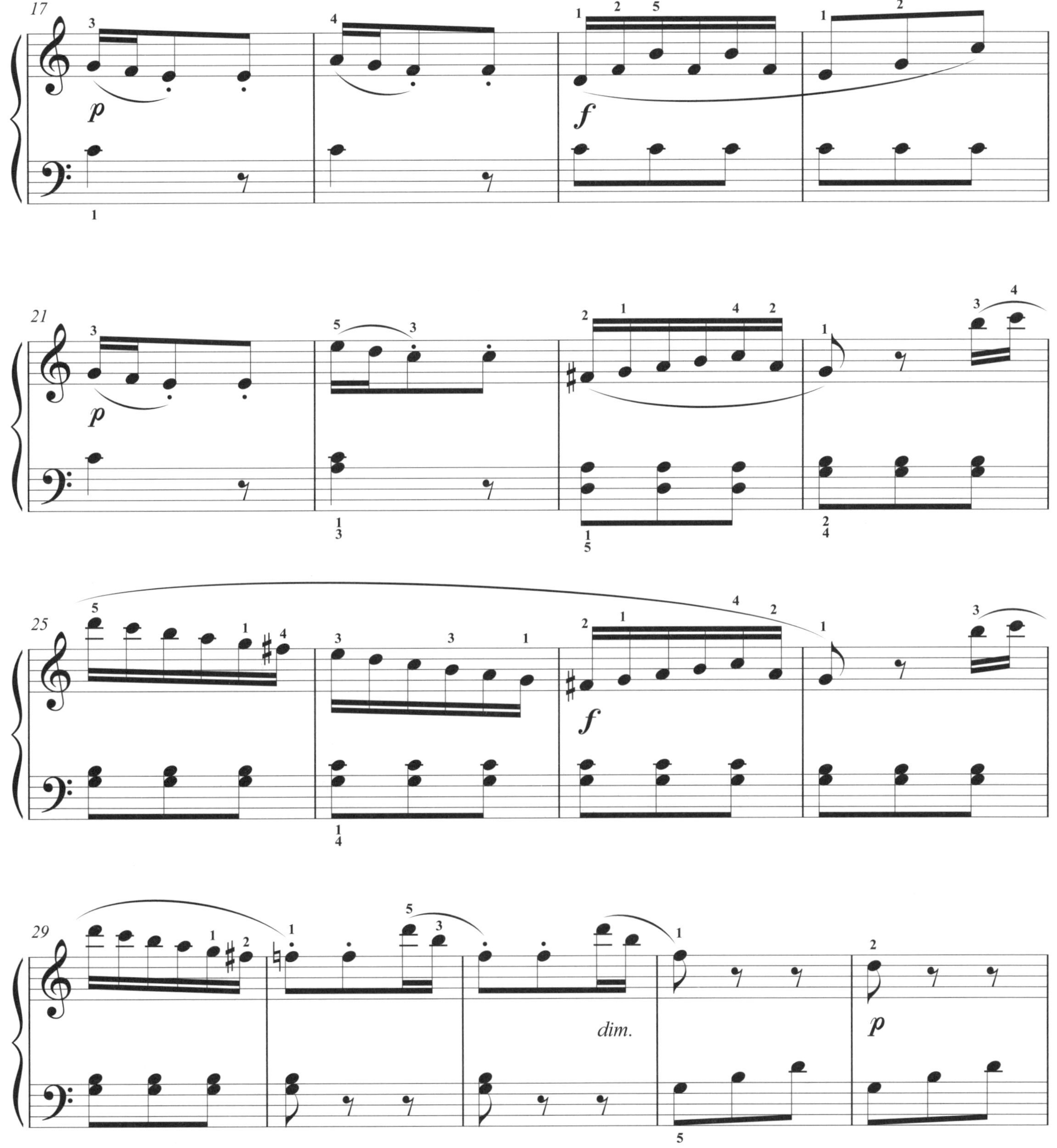

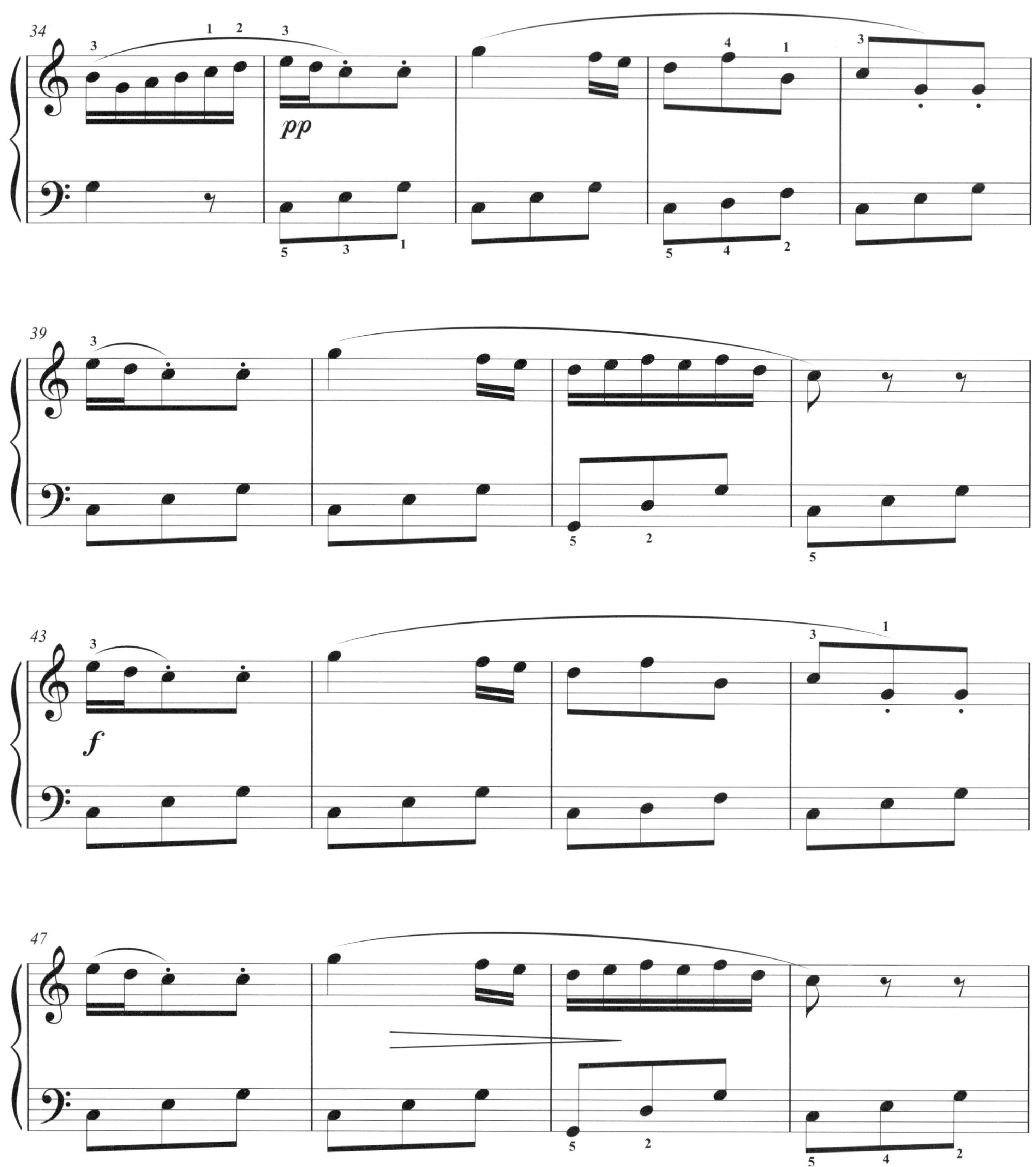

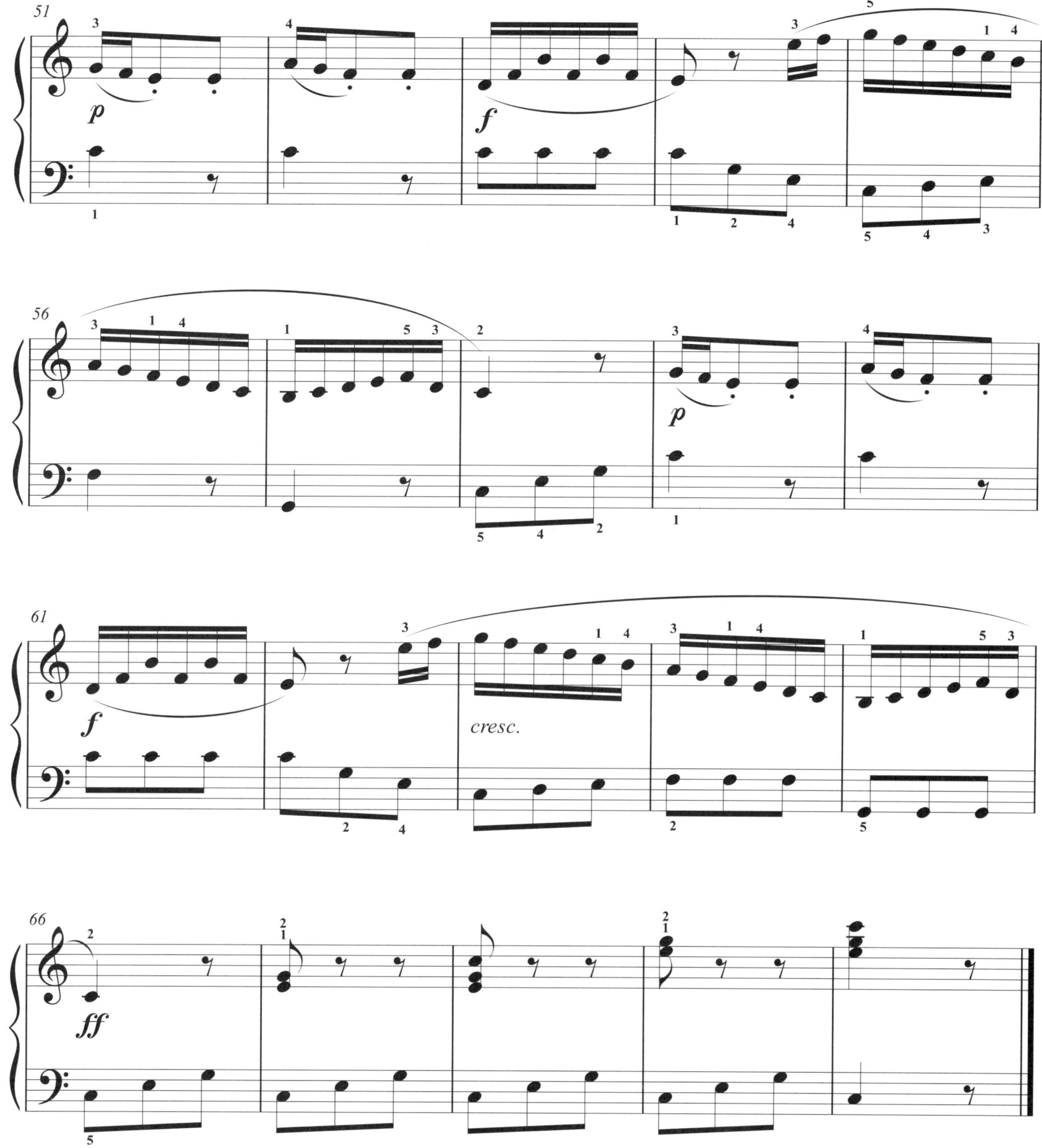

10. Sonatina in C Major

Op. 39, No. 1 〈1악장〉

Frank Lynes 프랭크 라인스
(1858~1913)

Allegro

p

mf

dim.

p

cresc.

p
mf
dim.
mf
f
cresc.

II

〈2악장〉

Allegretto

III

〈3악장〉

Allegro

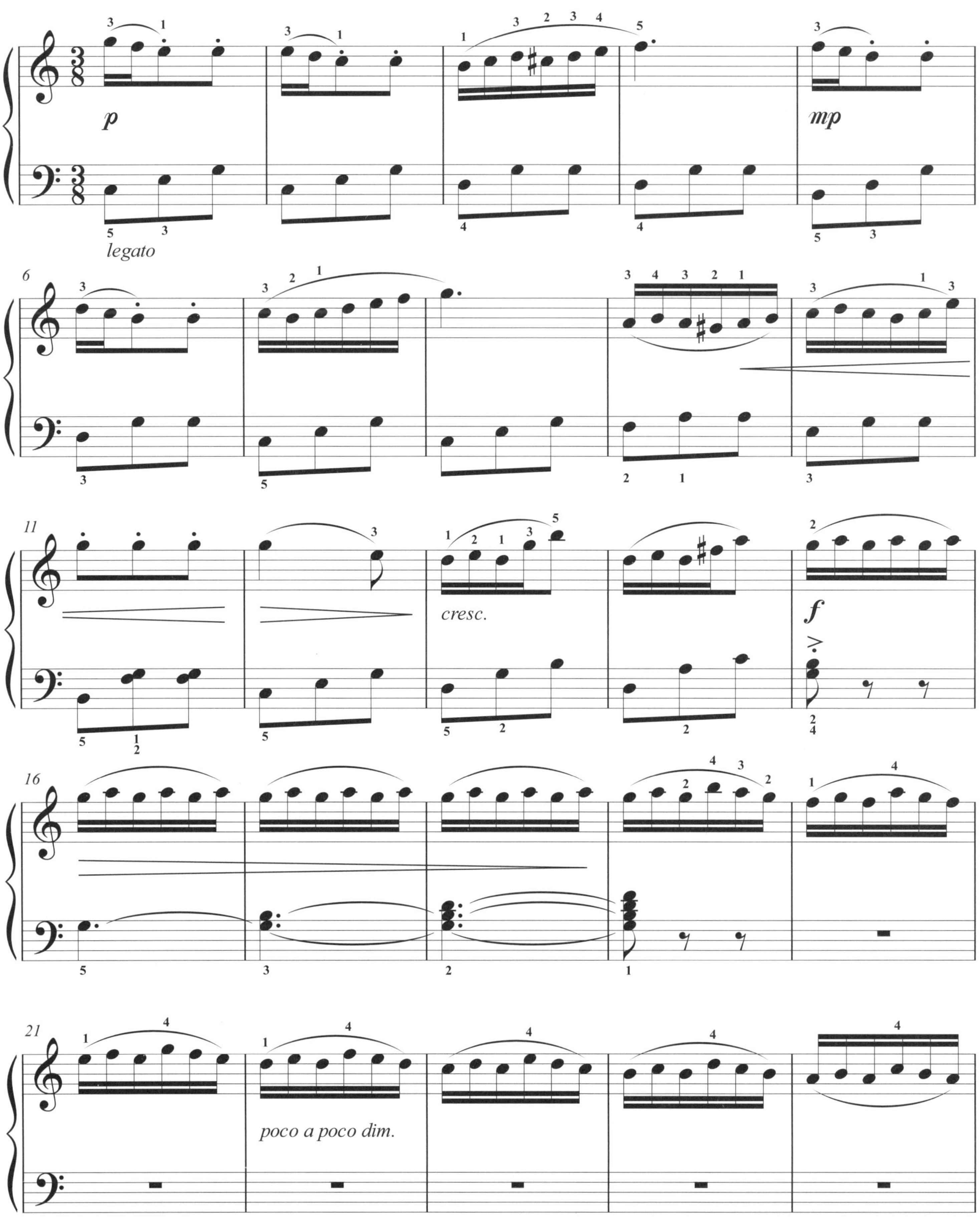

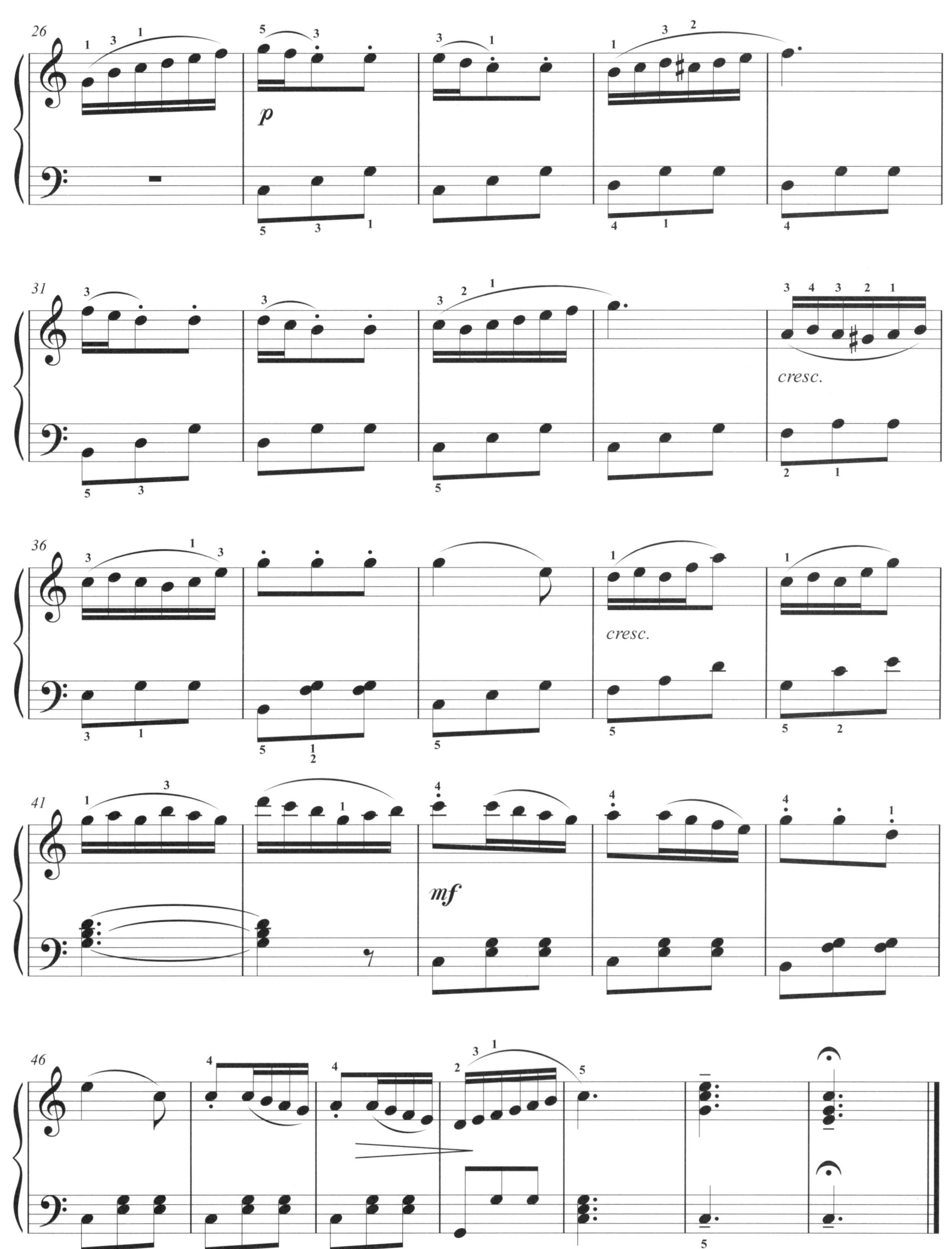

11. Sonatina in C Major

Op. 34, No. 1 〈1악장〉

Johann Anton André 요한 안톤 앙드레
(1775~1842)

Moderato

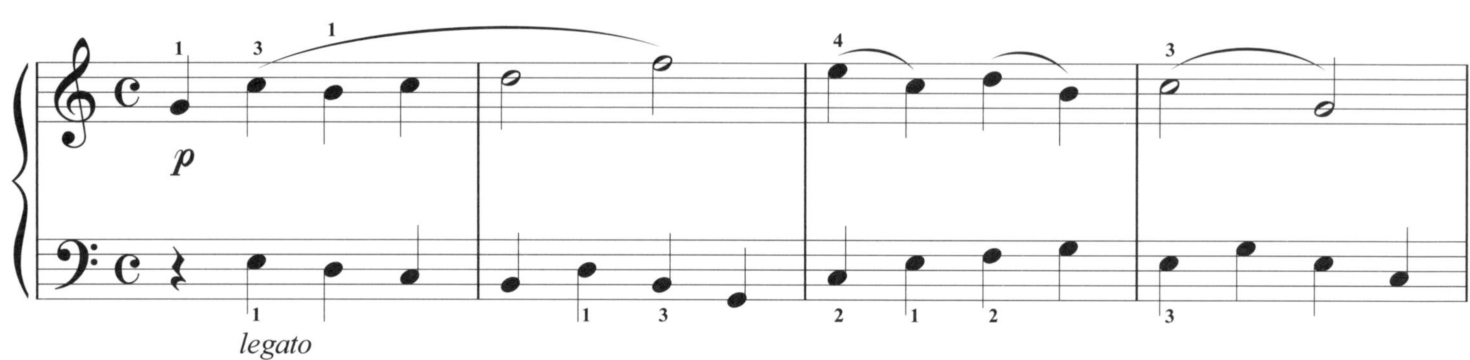

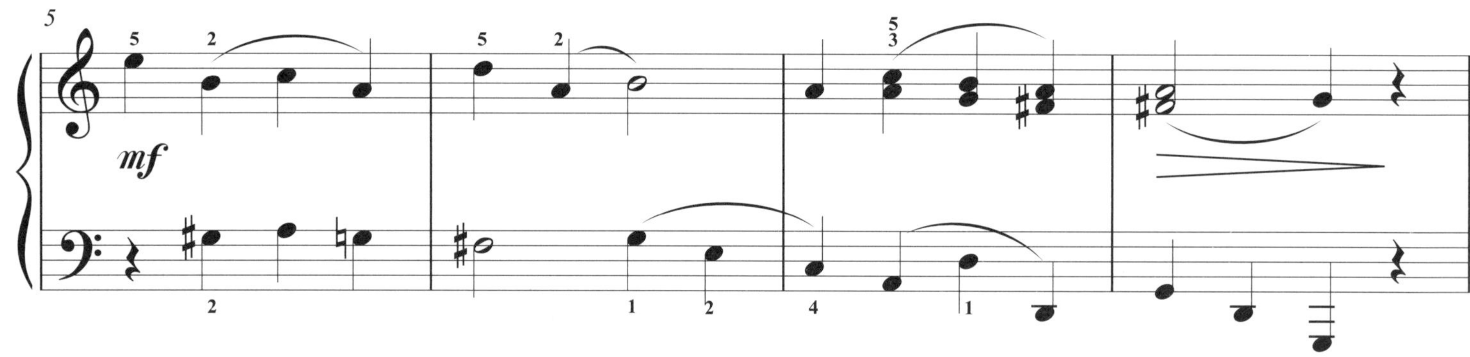

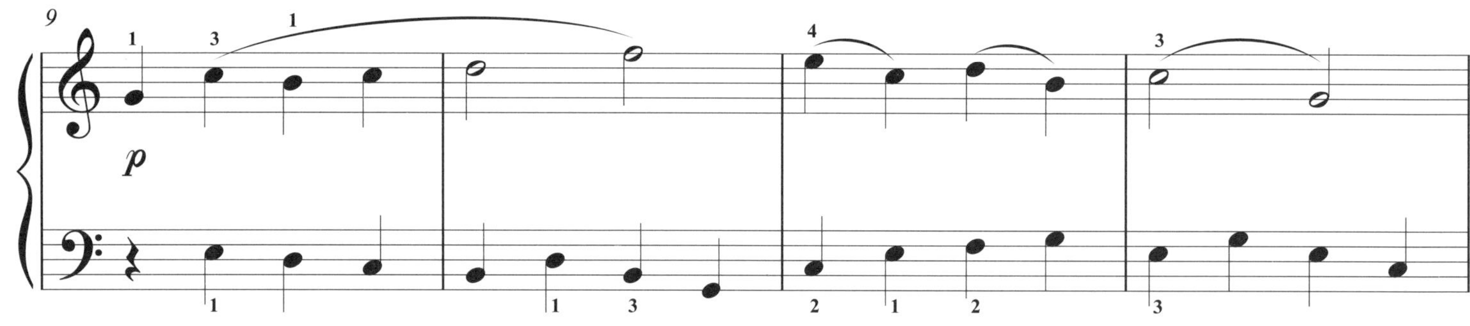

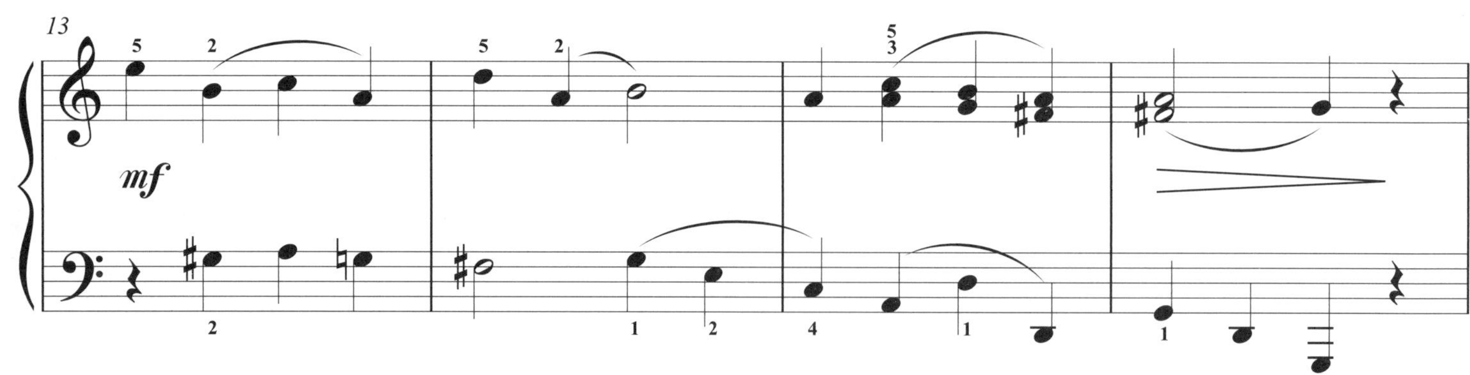

II

〈2악장〉

RONDO
Allegretto

cresc.
f
p
legato
f
mp
f

12. Sonatina in G Major

Op. 57, No. 4 〈1악장〉

Allegro non troppo

Albert Biehl 알베르트 비엘
(1835~1899)

a tempo
mf
p
mp
p
mf
p
p
mf
p
cresc.
f
켈리C의 원더풀 소나티나 1 / 53

II

〈2악장〉

Un poco allegretto

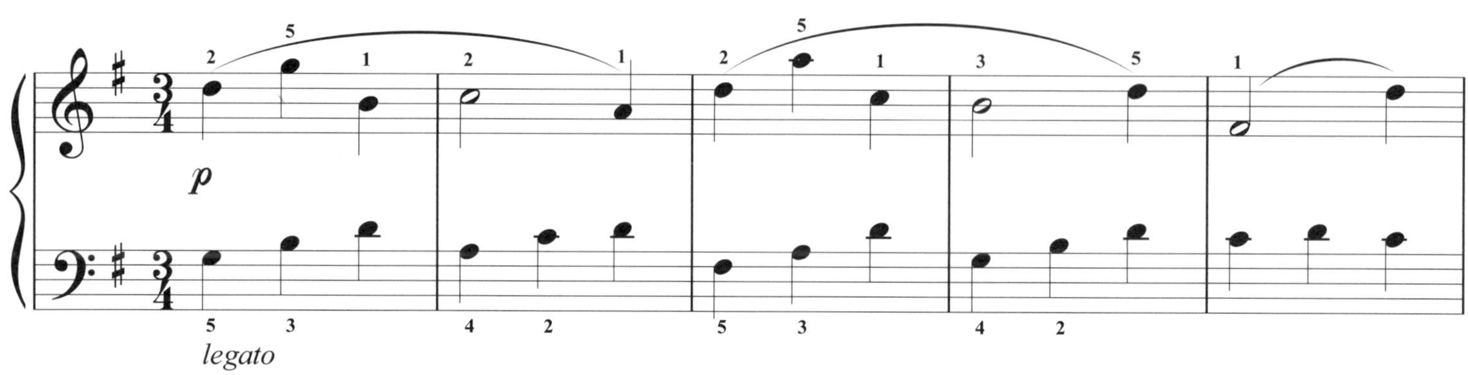

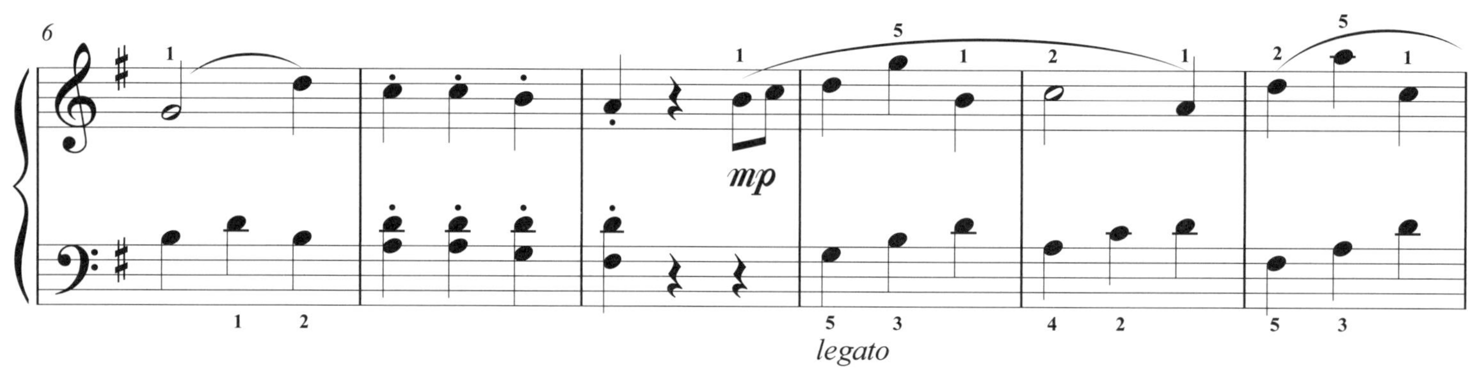

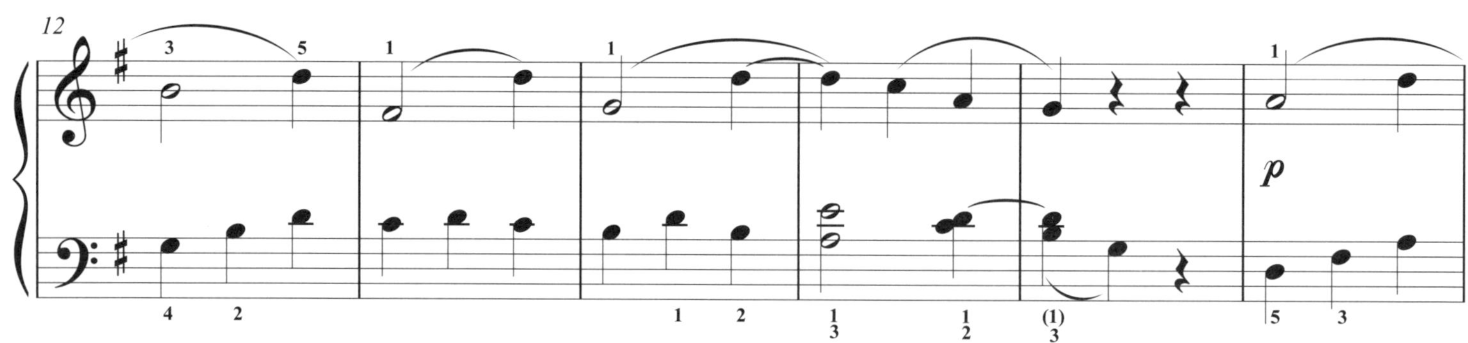

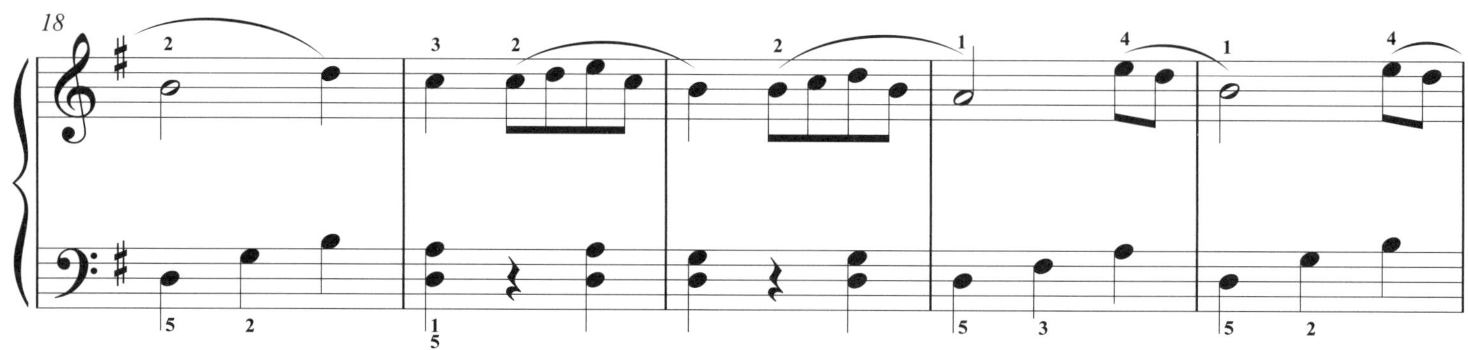

13. Sonatina in F Major

Op. 41, No. 2 ⟨1악장⟩

Johann Baptist Wanhal 요한 밥티스트 반할
(1739~1813)

Andantino

II

〈2악장〉

Allegretto

14. Sonatina in G Major

Op. 83, No. 1 〈1악장〉

Jacob Schmitt 제이콥 슈미트
(1803~1853)

Allegro moderato

15. Sonatina in G Major

Op. 12, No. 6

James Hook 제임스 후크
(1746~1827)

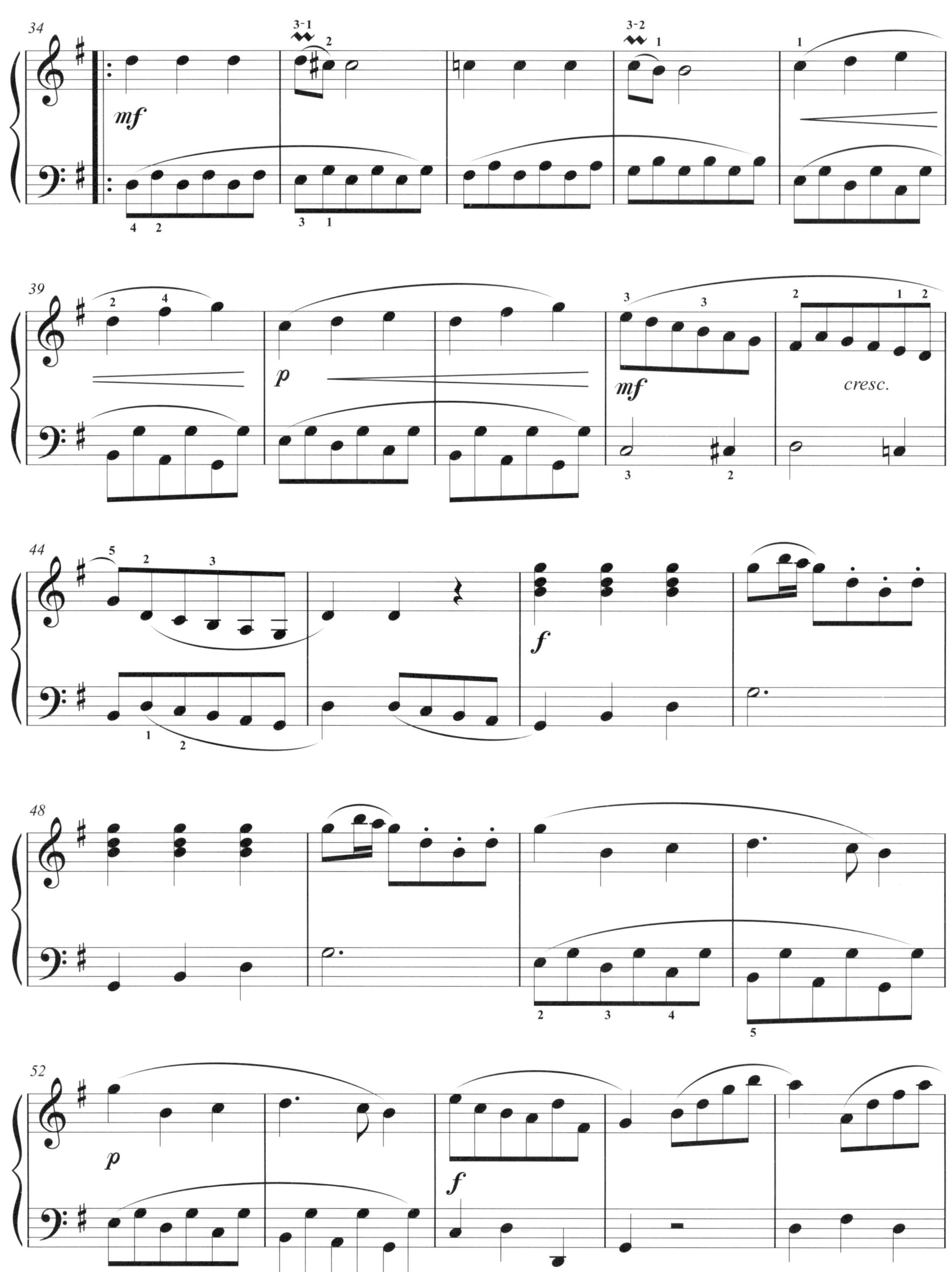

57
62
mf
4 2
p
66
f
70
p
f
75

16. Sonatina in C Major

Op. 792, No. 8 〈1악장〉

Carl Czerny 카를 체르니
(1791~1857)

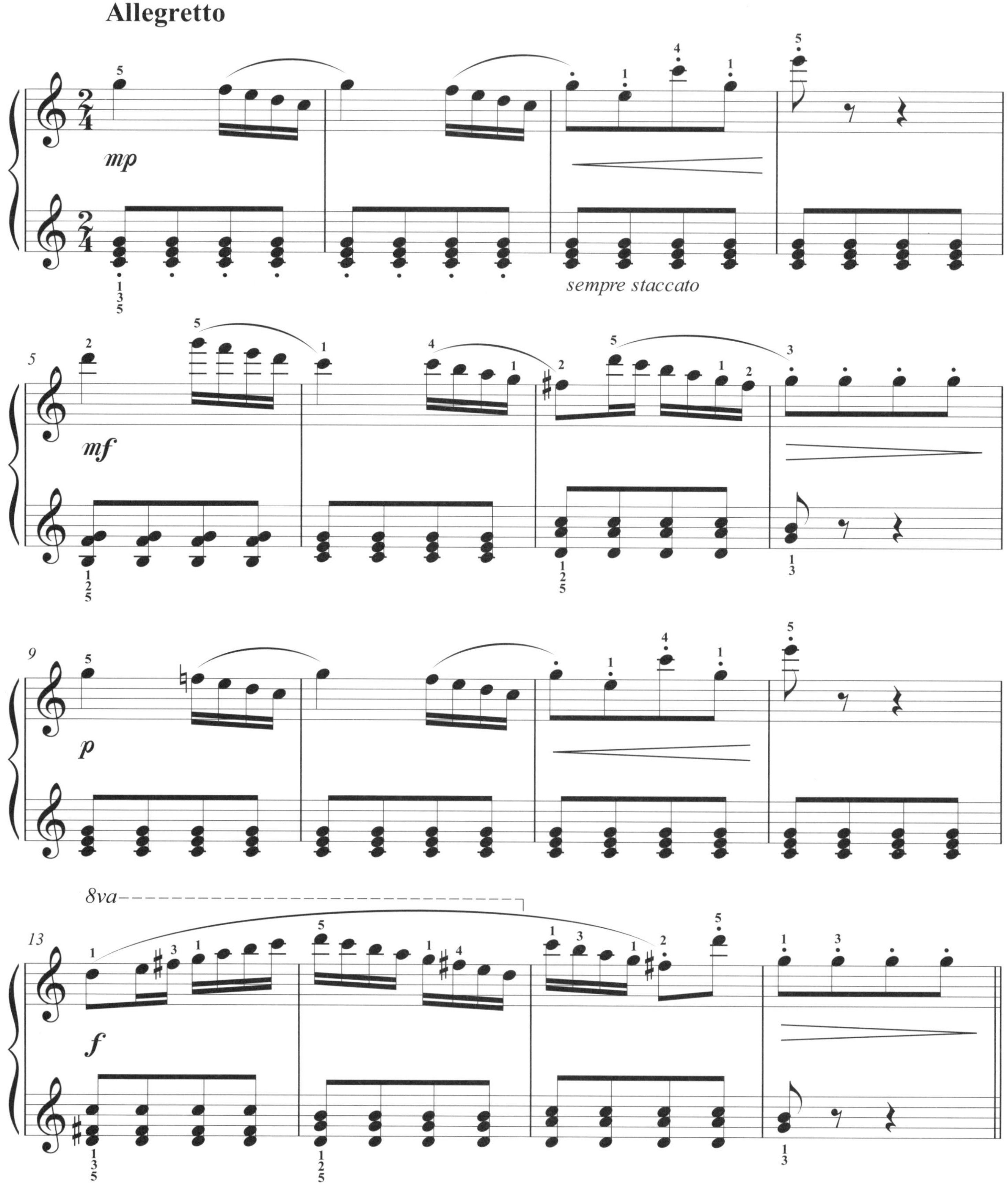

sempre staccato
p
mp
mp
cresc.
mf
8va
mp
cresc.
f

II

〈2악장〉

Andante

III

〈3악장〉

Allegretto

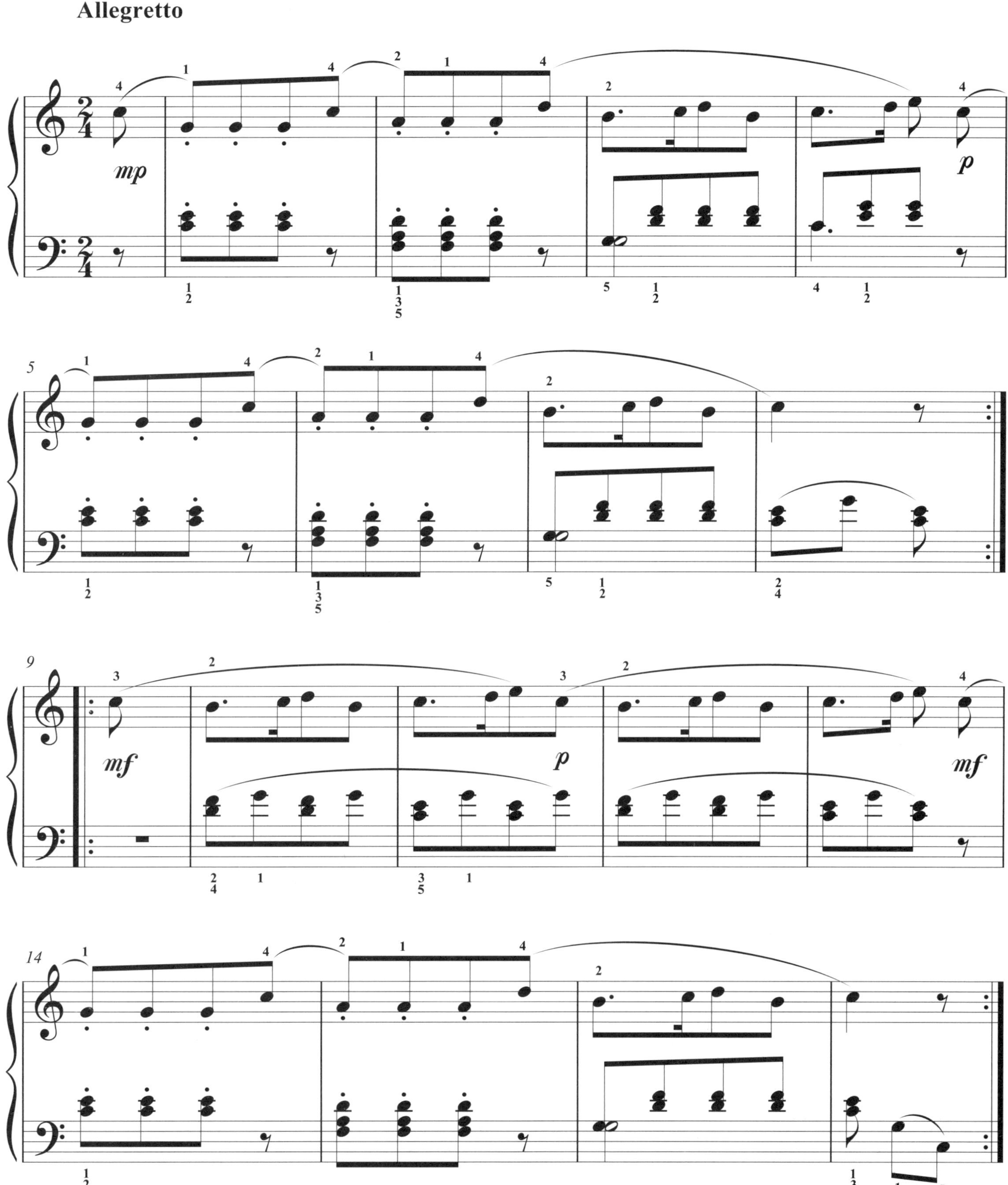

17. Sonatina in F Major

Hob. 16/9 〈3악장: Scherzo〉

Franz Joseph Haydn 프란츠 요제프 하이든
(1732~1809)

18. Sonatina with Theme and Variation

Op. 42, No. 1(Excerpt)

Friedrich Kuhlau 프리드리히 쿨라우
(1786~1832)

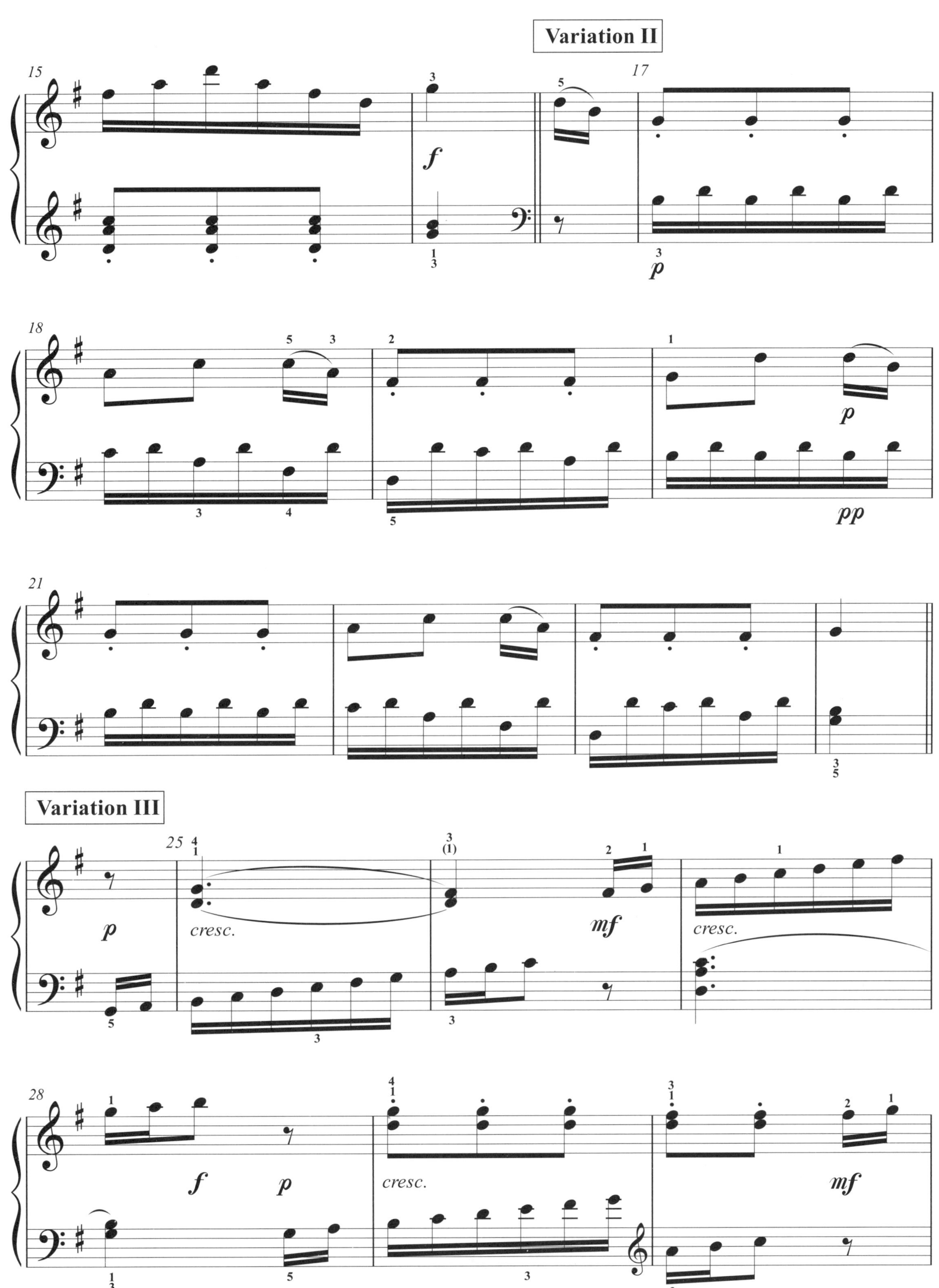
Variation II
Variation III

Variation IV
Variation V
cresc.
f
p
f
mp
f
74

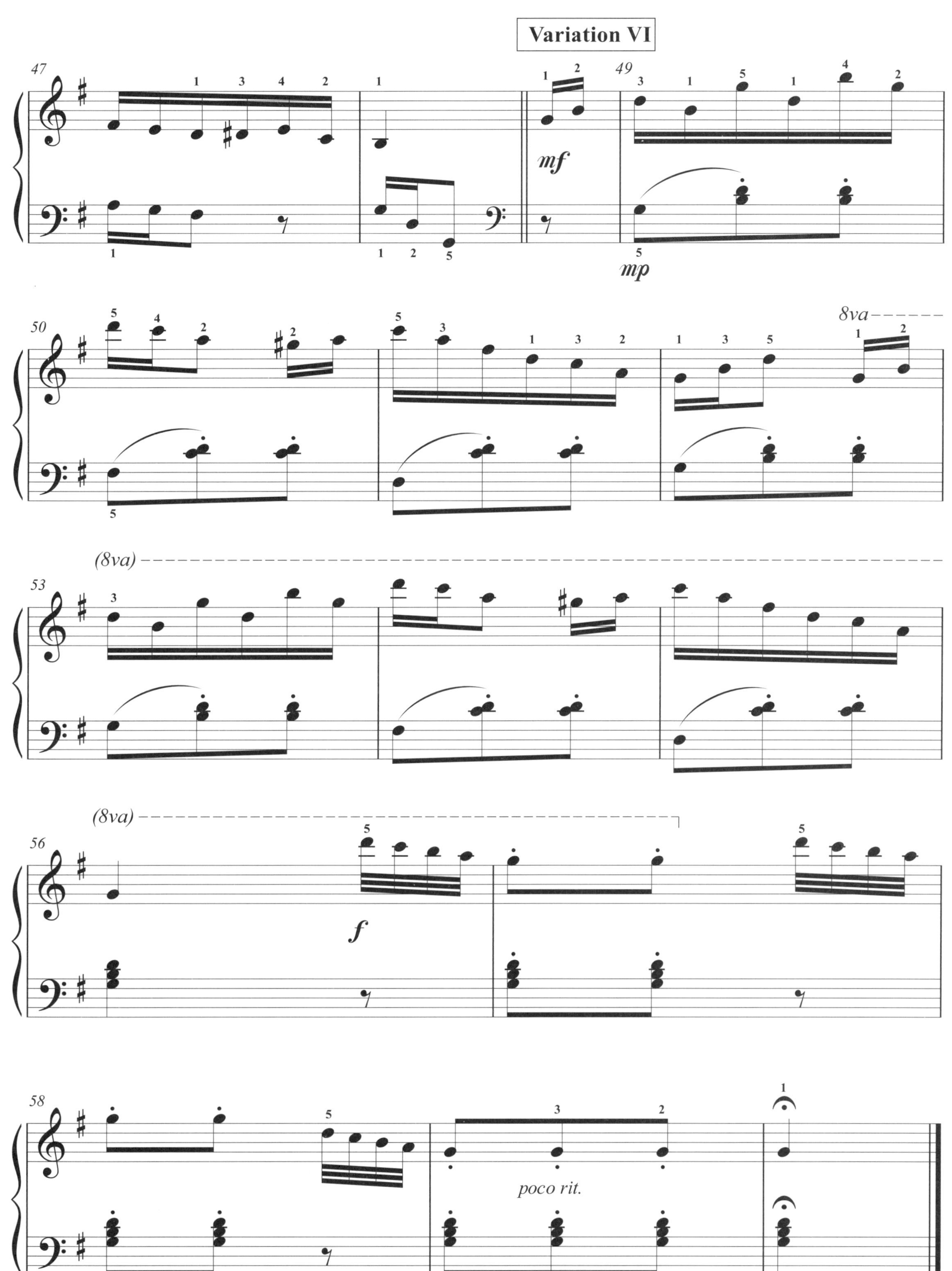
Variation VI
mf
mp
8va
(8va)
(8va)
f
poco rit.

발행일 2025년 12월 30일

저자 최태연
발행인 최우진
편집 왕세은
표지디자인 박경미 **내지디자인** 김세린

발행처 그래서음악(somusic)
출판등록 2020년 6월 11일 제 2020-000060호
주소 경기도 성남시 분당구 정자일로 177
이메일 book@somusic.co.kr

ISBN 979-11-24047-00-2 (94670)
     979-11-93978-21-4 (94670) (세트)